Pippa Young
Ponyhof Apfelblüte
Ein eigenes Pony für Mia

Alle Bände der Reihe Ponyhof Apfelblüte:

Pippa Young

Ponyhof Apfelblüte

Ein eigenes Pony für Mia

Aus dem Englischen übersetzt
von Sandra Margineanu

Illustriert von Saeta Hernando

Band 13

Mit besonderem Dank an Catherine Hapka

ISBN 978-3-7855-8941-0
2. Auflage 2021
Copyright Text: © 2019 by Working Partners Limited Series
created by Working Partners Limited

Für die deutschsprachige Ausgabe © 2019 Loewe Verlag GmbH,
Bühlstraße 4, D-95463 Bindlach
Aus dem Englischen übersetzt von Sandra Margineanu
Umschlag- und Innenillustrationen: Saeta Hernando
Umschlaggestaltung: Jessica Szczepanek
Printed in the EU

www.loewe-verlag.de

Inhalt

Der Talentwettbewerb

„Puh, nicht zu fassen, dass es schon so heiß ist", sagte Lena Kennet.

Sie frühstückte mit ihrer Mutter im Garten. Mrs Kennet sah lächelnd von ihrer Zeitung auf.

„So ist das eben im Sommer", erinnerte sie Lena. „Außerdem bedeutet das auch keine Schule und viel Zeit für den Ponyhof."

Lena grinste. „Ich freue mich schon so darauf, Samson jeden Tag zu sehen und nicht nur am Wochenende", sagte sie glücklich.

Lena liebte Ponys und Pferde über alles. Als sie noch in der Stadt gewohnt hatten, hatte sie nie die Gelegenheit zum Reiten gehabt. Doch dann waren sie und ihre Mutter in das kleine Städtchen Willow Springs gezogen.

An ihrem ersten Tag im neuen Ort war Lena mit dem Fahrrad herumgefahren und hatte auf einer Weide ein paar Ponys entdeckt. Eines davon war ihr geliebter Samson. Die Ponys gehörten zum Ponyhof Apfelblüte, der sich in einer alten, aber gut erhaltenen Burganlage befand. Die Besitzerin, Mrs Marle, hatte Lena Reitstunden angeboten. Seitdem verbrachte Lena so viel Zeit wie möglich auf dem Ponyhof.

Mrs Kennet blätterte die Zeitung um.

Lena warf
einen Blick
in den Garten.
Ein Dackel lag hechelnd im Schatten
eines Baums. Nacho gehörte ihrer Nach-
barin Mrs Kraft, aber Lena und ihre Mutter passten oft auf den frechen kleinen
Hund auf.

„Ich glaube, Nacho ist es auch zu heiß.
Er versucht nicht mal, Mogli zu jagen",
sagte Lena.

Der große Kater mit dem orangeroten
Fell kauerte in einer Ecke des Gartens.
Sein Schwanz zuckte hin und her. Plötz-
lich schoss er vor und schnappte sich ein
Blatt.

Mrs Kennet lächelte. „Mogli scheint die
Hitze nichts auszumachen."

„Und Simba bestimmt auch nicht", sagte Lena und lachte. „Er wird von Tag zu Tag lebhafter."

Ihre Mutter lachte ebenfalls. „Das ist wahr!"

Simba war ein Labrador-Welpe. Er gehörte Eric Gelberg, dem Hundetrainer aus dem Dorf. Als Nacho bei Mrs Kraft einzog, war der Dackel sehr ungezogen gewesen. Lena war deshalb mit ihm zum Hundetraining gegangen. Dort hatte sie Mr Gelburg kennengelernt, der sich von da an immer öfter mit ihrer Mutter verabredet hatte.

Lena mochte Mr Gelberg, den sie Eric nennen durfte, und sie war sehr froh, dass ihre Mutter glücklich war. Ganz besonders schön war es, mit Erics

10

neuem Welpen zu spielen. Vor ein paar Wochen war Simba bei einem Ausflug im Wald weggelaufen. Einen halben Tag war er verschwunden gewesen, bevor Lena und ihre Freundinnen ihn wiedergefunden hatten, nass und verängstigt. Aber der Welpe hatte sich von seinem Abenteuer schnell erholt und war wieder so putzmunter wie zuvor.

Lena biss in ihr Toastbrot und dachte an Simba. Ihre Mutter blätterte weiter.

„Oh, sieh mal", rief Mrs Kennet. „Bald ist wieder das Willow Springs Sommerfest. Es wird einen Talent-wettbewerb geben, mit einem besonderen Schwerpunkt im Bereich Kunst."

„Wirklich?", fragte Lena. „Das klingt ja super. Du solltest mitmachen."

Ihre Mutter lächelte. „Das geht nicht. Ich bin doch ein Profi. Der Wettbewerb ist nur für Hobby-Künstler. Aber du könntest mitmachen, wenn du Lust hast."

Früher hatte Lenas Mutter nur in ihrer Freizeit gemalt, aber seit sie in Willow Springs wohnten, hatte sie ihr Hobby zum Beruf gemacht. Sie bekam viele Aufträge und malte vor allem Porträtbilder von Haustieren.

„Vielleicht mache ich das", überlegte Lena. „Kann ich malen, was ich will?"

Ihre Mutter las noch einmal den Artikel. „Das diesjährige Thema ist ‚Mein bester Freund'", sagte sie.

„Perfekt!" Lena lächelte. „Ich male ein

Bild von Samson. Meine Freundinnen haben bestimmt auch Lust, ihre Ponys zu malen. Darf ich den Artikel mitnehmen, um ihn meinen Freundinnen zu zeigen?"

„Na klar." Ihre Mutter faltete die Zeitung zusammen und reichte Lena den Artikel. „Lass uns den Frühstückstisch abräumen, danach kannst du zum Ponyhof fahren."

Eine Stunde später betrat Lena den mit Kopfsteinen gepflasterten Hof. Einige Ponys streckten neugierig ihre Köpfe über die halbgeöffneten Boxentüren. Ihre Freundinnen Hannah und Paulina standen mitten im Hof. Hannah goss gerade mit dem Gartenschlauch einen jungen Baum, während Paulina auf der kleinen Steinmauer balancierte, die um den Baum herumführte.

Lena ging zu ihnen. „Du gießt den Apfelbaum?", fragte sie.

Früher hatte ein alter knorriger Apfelbaum mitten auf dem Hof gestanden, aber bei einem Sturm war er umgestürzt. Mr und Mrs Marle hatten an seiner Stelle einen neuen Baum gepflanzt.

Hannah nickte. Ihr Gesicht war vor Hitze ganz rot. „Mrs Marle hat mich gebeten, ihn gut zu wässern", sagte sie mit

angenehmer, etwas schüchterner Stimme.
„Sie meinte, die Hitze macht den Bäumen
besonders viel aus."

„Mir aber auch", stöhnte Paulina.

Hannah zwinkerte Lena zu. „Vielleicht
musst du auch gewässert werden",
scherzte sie und richtete den Gartenschlauch auf Paulina.

Paulina kreischte und sprang von dem
Mäuerchen, um sich in Sicherheit zu
bringen. „Oh, ist das kalt!", rief sie.

Lena lachte. „Das müsste sich doch
gut anfühlen", erwiderte sie. „Du hast
dich doch gerade eben beschwert,
dass … he!"

Lena machte einen Satz, denn jetzt
zielte Hannah mit dem Wasserstrahl auf
sie. Lachend sprang Lena durch das

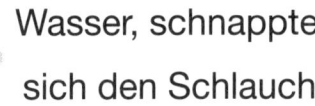 Wasser, schnappte
sich den Schlauch
von Hannah und spritzte sie
dann nass.

„Ah, wie erfrischend!", schwärmte
Hannah und versuchte erst gar nicht,
dem Strahl zu entkommen.

Plötzlich ertönte wildes Gebell und die
Hofhunde Hop und Skip rannten auf die
Mädchen zu. Skip sprang in die Luft und
versuchte, nach dem Wasserstrahl zu
schnappen. Hop stürzte sich auf Paulinas
Schnürsenkel.

Lena, Hannah und Paulina machten
sich einen Spaß daraus, sich und die
Hunde gegenseitig nass zu spritzen.
Schließlich waren alle abgekühlt und
Hannah drehte den Wasserhahn zu.

16

„Kommt, wir setzen uns in den Schatten", schlug sie vor.

Lena und Paulina folgten ihr zu einer schattigen Stelle an der hohen Steinmauer, die den Hof umschloss. Hop und Skip trollten sich in die Sattelkammer.

„Im Schatten ist es viel angenehmer", sagte Lena und drückte ihr nasses T-Shirt aus. „Kein Wunder, dass Mrs Marle die Ponys in den Stall gebracht hat. Dort fühlen sie sich bestimmt wohler als auf der sonnigen Koppel."

Paulina nickte und band ihre feuchten Locken zu einem Pferdeschwanz zusammen.

„Wo sind die anderen?", fragte Lena. „Ich weiß, dass Lotte noch nicht wieder reiten darf. Aber wo sind Juli und Mia?"

Lotte Stevens durfte ihr Pony Goldstück zwei Wochen lang nicht reiten. Zur Strafe, weil sie heimlich im Dunkeln auf dem Pferd ihres Großvaters geritten war. Lena und die anderen Mädchen waren ebenfalls dabei gewesen, aber zum Glück hatten ihre Eltern ihnen kein Reitverbot erteilt. Lena konnte sich nicht vorstellen, wie es wäre, zwei Wochen von Samson getrennt zu sein.

„Lotte muss noch fünf Tage durchhalten, bis sie wieder reiten darf", sagte Hannah. „Sie war vorhin da, um Goldstück zu striegeln, aber dann musste sie ihrer Mutter beim Einkaufen helfen."

„Juli ist irgendwo hier", sagte Paulina. „Keine Ahnung, was mit Mia ist. Ich dachte, sie kommt auch her, aber ich habe sie den ganzen Tag nicht gesehen."

Juli war die Tochter der Ponyhof-Besitzer. Mia Howard hatte, wie Lena und Hannah, kein eigenes Pony. Sie nahm Reitunterricht auf einer lebhaften grauen Stute namens Aska.

Aska streckte gerade aufmerksam den Kopf über ihre Boxentür. „Sie sieht aus, als würde sie Ausschau nach Mia halten", meinte Lena. „Ich hoffe, sie kommt bald. Wir wollten eigentlich später ausreiten, wenn es etwas abgekühlt hat."

Da tauchte Juli auf. Sie entdeckte die anderen an der Mauer und kam herüber. Sie sah erhitzt und müde aus. Sogar ihr Pferdeschwanz saß nicht so perfekt wie sonst.

„Hast du den Baum gegossen?", fragte sie. „Mama schickt mich, um zu fragen."

Hannah nickte. „Wir haben ihn gemeinsam gewässert."

Paulina kicherte. „Und uns haben wir
auch gewässert."

Plötzlich richtete Lena sich kerzengerade auf. Ihr war etwas eingefallen.
„Oh! Ich habe etwas mitgebracht, das
ich euch zeigen wollte. Hoffentlich ist es
nicht total durchweicht."

Sie fischte den Zeitungsausschnitt aus
ihrer Hosentasche. Er war etwas feucht,
aber noch lesbar.

„Talentwettbewerb", las Juli über
Lenas Schulter gebeugt. „Das klingt
cool."

„Ich dachte, wir könnten Bilder von
unseren Ponys einreichen", sagte Lena
eifrig. „Meine Mutter hat Leinwände und

Farben. Wir können in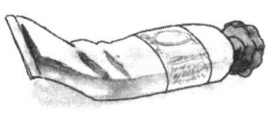
ihrem Atelier malen."

„Gibt es da eine Klimaanlage?",
scherzte Paulina.

Lena lächelte. „Es gibt einen Ventilator.
Ich werde ein Bild von Samson beim
Grasen auf der Weide malen."

„Ich male Smartie", sagte Juli sofort.
Er war ihr Liebling. „Und du, Paulina,
könntest Lancelot beim Sprung über
ein Hindernis malen, so wie letzte Woche
im Unterricht."

Juli und Paulina waren erfahrenere
Reiterinnen als die anderen Mädchen.
Die beiden hatten oft gemeinsam Spring-
unterricht, da sie auch an Turnieren
teilnahmen. Paulinas Pony, ein kräftiger
Wallach, sprang besonders gut.

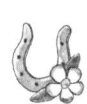

Paulina hob die Augenbrauen. „Willst du mir etwa sagen, was ich zu tun habe, Juli?", neckte sie. „Ich dachte, das hättest du längst hinter dir."

Juli lächelte schief, während die anderen lachten. Als Lena noch ganz neu auf dem Ponyhof gewesen war, hatte sich Juli oft hochnäsig und gebieterisch verhalten. Aber Lena hatte ihr gezeigt, dass es so viel leichter war, freundlich zu sein.

„Ich meinte nur, dass das ein schönes Motiv für dein Bild wäre", sagte Juli zu Paulina.

„Vermutlich hast du recht", stimmte Paulina gut gelaunt zu. „Lancelot ist über den Zaun gesprungen, als ob er Flügel an den Hufen hätte."

„Als ob er Flügel an den Hufen hätte",
wiederholte Hannah. „Das klingt schön."

Juli deutete zum Torbogen am Hof-
eingang. „Ich habe gerade ein Auto
hochfahren sehen. Vielleicht ist es Mia."

Lena und die anderen standen auf
und gingen zum Torbogen. Mia kam
bereits auf den Hof gestürzt.

„Stellt euch vor!", schrie sie. „Ich
bekomme ein eigenes Pony!"

Die große Neuigkeit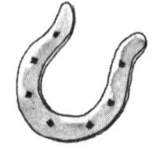

„Ein eigenes Pony?", wiederholte
Paulina.

„Ist das dein Ernst?", fragte Juli
im gleichen Moment.

„Erzähl uns alles", bat Lena.

Mia grinste. „Das mache ich. Aber
zuerst muss mein Papa mit Mrs Marle
sprechen." Sie sah über die Schulter zu
ihrem Vater, der gerade den Hof betrat.

„Ich hole Mama." Juli düste los.

Mr Howard lächelte den Mädchen zu.
„Ich hoffe, es gibt noch Platz für ein
weiteres Pony", sagte er. „Wir haben für
Mia nämlich ein ganz besonders tolles
gefunden."

„Das haben wir." Mia strahlte ihren
Vater an. „Vielen Dank, Papa!"

„Gern geschehen." Er wuschelte ihr
durch die karamellbraunen Locken.
„Du hast es dir verdient. Du hast so hart
trainiert." Er blickte zum kleinen Torbogen
auf der anderen Hofseite. „Da ist ja
Mrs Marle. Entschuldigt mich."

Juli kam zu den Mädchen zurück.
„Was habe ich verpasst?", fragte sie.

Hannah lachte. „Nichts, sie lässt uns
zappeln."

„Ja." Paulina pikste Mia in den Arm.
„So ist Mia eben – immer dramatisch!"

Mia grinste. „Ich bekenne mich
schuldig. Aber jetzt kein Theater mehr.
Ich erzähle euch alles: Das Pony klingt
einfach perfekt für mich."

„Klingt?", wiederholte Juli. „Hast du es noch nicht gesehen?"

„Bisher nicht", sagte Mia. „Nur Fotos. Es ist knapp 140 Zentimeter hoch und acht Jahre alt. Sein Fell ist rotbraun, Mähne und Schweif sind schwarz.
Die Frau, von der wir es gekauft haben, erzählte, dass es schon alles gemacht hat: auch Springen und ausgedehnte Wanderritte."

„Wow", sagte Hannah. „Das klingt wirklich gut."

„Wirst du Aska nicht vermissen?", fragte Lena.

„Doch, natürlich." Mia nickte. „Aber ich werde Aska ja immer noch sehen, wenn ich auf den Hof komme, um Prinz zu reiten."

„Es heißt Prinz?" Paulina klatschte in die Hände. „Wie süß!"

Mrs Marle und Mr Howard kamen zu ihnen. „Glückwunsch, Mia", sagte Mrs Marle. „Dein Vater hat mir von Prinz erzählt. Wie reitet er sich denn?"

„Oh, ich bin bisher nicht auf ihm geritten", sagte Mia. „Ich habe ihn auch noch gar nicht gesehen. Aber ich kann es kaum erwarten!"

„Du hast ihn nicht besucht und bist auch nicht auf ihm geritten, bevor ihr ihn gekauft habt?", fragte Mrs Marle.

„Dafür war keine Zeit", erklärte Mr Howard. „Die Verkäuferin hatte schon viele andere Interessenten. Ich musste sofort zuschlagen." Er zwinkerte. „Wenn so viele Leute ihn haben wollen, dachte ich, machen wir ein gutes Geschäft."

„Ja, wahrscheinlich." Mrs Marle lächelte, aber Lena fand, dass sie etwas besorgt aussah.

„Darf Prinz hier wohnen?", fragte Mia. „Er wird sich bestimmt sehr gut mit Aska und den anderen Ponys vertragen."

„Natürlich." Mrs Marle nickte. „Wir können die Unterlagen gleich ausfüllen, wenn Sie wollen?" Sie sah zu Mr Howard.

„Gehen Sie vor", sagte er fröhlich.
„Ich habe fast mein ganzes Geld für
den Pony-Kauf ausgegeben, da kann
ich den Rest auch für seinen Unterhalt
verwenden." Er winkte den Mädchen
zu und folgte Mrs Marle ins Büro.

„Das sind echt tolle Neuigkeiten, Mia",
sagte Juli. „Dein eigenes Pony!"

Plötzlich krachte es ganz in der
Nähe. Lena warf einen Blick zu
den Boxen. „Ich glaube, Aska ist
gegen die Tür getreten", sagte sie.
„Vielleicht hat sie uns gehört und ist
traurig, dass du nicht mehr auf ihr
reiten wirst."

„Oh nein!" Mia rannte zu dem Pony
und umarmte es. „Ich hab dich immer
noch lieb, Aska."

„Wenn du ihr versprichst, sie mit Möhren zu füttern, wird sie dir verzeihen", scherzte Paulina.

Mia trat einen Schritt zurück. „Ich schwöre", sagte sie zu Aska. „Allerdings musst du die Möhren mit meinem Pony teilen. Ich kann es nicht glauben. Mein eigenes Pony!"

Lena lächelte und umarmte ihre Freundin. „Herzlichen Glückwunsch", sagte sie. „Ich freue mich schon sehr auf Prinz."

„Ich mich auch", sagte Hannah. „Wann kommt er?"

„Übermorgen. Früher haben wir keinen Pferdeanhänger bekommen." Mia schauderte. „Ich weiß nicht, wie ich die Zeit bis dahin rumbringen soll."

„Ich habe da etwas zur Ablenkung."

Lena zog den Zeitungsausschnitt hervor und zeigte ihn ihr. „Für den Wettbewerb wollen wir Bilder von unseren Lieblings-ponys malen. Das Thema lautet: ‚Mein bester Freund‘".

„Ausgezeichnet!", erklärte Mia. „Ich werde ein Bild von Prinz malen. Er wird mein allerbester Freund!"

„Entschuldigung, ich bin spät dran!" Lena stürmte in die Küche. Es war bereits Abend und sie war vom Radfahren ganz außer Atem. „Ich bin nach der Reitstunde noch geblieben und habe geholfen, die Ponys auf die Koppel zu bringen."

Ihre Mutter blickte vom Herd auf, während sie weiter in einem Topf rührte. Der Tisch war schon gedeckt. Im Raum

roch es nach frisch gebackenem Brot
und Knoblauch.

„Schon gut", sagte Mrs Kennet
lächelnd. „Mrs Marle hat angerufen,
um Bescheid zu sagen, dass du unter-
wegs bist. Wie war die Reitstunde?"

Lena zog ihre Stiefel aus. „Gut.

Samson war es zu heiß, deshalb
habe ich seine Mähne zu einem
Zopf geflochten. Ich habe mir vor
Kurzem ein Video dazu angesehen
und Juli hat mir geholfen."

„Samson sah bestimmt sehr hübsch
aus", sagte ihre Mutter. „Aber jetzt wasch
dir die Hände, das Essen ist fast fertig."

Lena ging zum Spülbecken. „Hat dir
Mrs Marle die großen Neuigkeiten
erzählt?", fragte sie.

Ihre Mutter hob eine Augenbraue.

„Nein, ich glaube nicht. Was ist passiert?"

„Mia bekommt ein eigenes Pony!",
sagte Lena. Sie erzählte ihrer Mutter
alles, was sie über Prinz wusste. „Ist das
nicht toll?"

„Ja, das ist wunderbar", antwortete
ihre Mutter mit einem schmalen Lächeln.

Lena wunderte sich, warum sie nicht
begeisterter war. Da fiel ihr ein möglicher
Grund ein. Die Künstlerlaufbahn ihrer
Mutter war noch ganz am Anfang. Sie
verdiente zwar genug Geld, um die
Rechnungen zu bezahlen, aber nicht
genug für viele Extraausgaben. Lena
wusste, dass ihr Vater, der weiterhin in
der Stadt lebte, ihre Reitstunden finanziell
unterstützte. Vielleicht hatte ihre Mutter

Angst, dass Lena auch ein eigenes Pony haben wollte.

„Ich freue mich sehr für Mia", sagte Lena. „Aber ich möchte kein eigenes Pony haben. Ich kann ja Samson reiten, wann immer ich möchte."

Ihre Mutter umarmte sie. „Schön, das zu hören. Ich bin froh, dass du mit Samson so gut zurechtkommst."

„Er ist mein bester Freund", sagte Lena. „Oh! Das erinnert mich an etwas. Ich habe meinen Freundinnen von dem Talentwettbewerb erzählt. Sie wollen auch alle Bilder von ihren Ponys malen."

Beim Essen erzählte Lena ihrer Mutter von ihren Mal-Ideen. Mrs Kennet war einverstanden, dass die Mädchen in ihr Studio kamen, um dort an ihren Bildern zu arbeiten.

„Wann wollt ihr das machen?", fragte sie.

„Wir sollten warten, bis Prinz da ist, damit Mia ihn malen kann", erwiderte Lena mit vollem Mund. „Ich muss sie unbedingt fragen, wann genau er auf den Ponyhof kommt. Ich will auf jeden Fall dabei sein."

Willkommen auf Ponyhof Apfelblüte!

Zwei Tage später lungerten Lena und ihre Freundinnen im großen Torbogen herum. Auch Mrs Marle war da, zusammen mit ihrer ältesten Tochter Isabel. Nur Mia fehlte. Sie war mit ihrem Vater losgefahren, um Prinz abzuholen. Lotte war ebenfalls nicht da, aber sie kam bestimmt in absehbarer Zeit, um Goldstück zu versorgen.

„Zum Glück ist es heute etwas kühler", sagte Hannah. „Sonst wäre es für Prinz im Pferdeanhänger viel zu heiß."

Lena sah zur Straße. „Hoffentlich kommen sie bald."

„Ja", stimmte Paulina zu. „Die Ponys sind alle ungeduldig. Und ich auch."

Lena sah in Richtung Hof. Obwohl es heute nicht so heiß war, hatte Mrs Marle beschlossen, die Ponys im Stall zu lassen. Lena lächelte Samson zu, der den Kopf über die Tür streckte und in ihre Richtung sah. Ihr Lächeln schwand, als sie ein paar Türen weiter Aska entdeckte.

„Vielleicht gebe ich Aska später ein paar Apfelstücke", dachte sie. „Samson macht es nichts aus zu teilen. Aska soll sich nicht ausgeschlossen fühlen, nur weil Mia ein eigenes Pony bekommt."

„Lena, ich habe gestern angefangen, Rapunzel zu zeichnen", sagte Hannah.

„Das ist toll", sagte Lena. „Habt ihr

auch schon angefangen?", fragte sie Juli und Paulina.

„Noch nicht", gestand Juli. „Ich will heute Abend beginnen."

Paulina stöhnte. „Es sind Sommer-ferien", protestierte sie. „Wir sollten keine Hausaufgaben machen müssen!"

In diesem Moment deutete Isabel auf die Straße. „Da! Ich glaube, das sind sie."

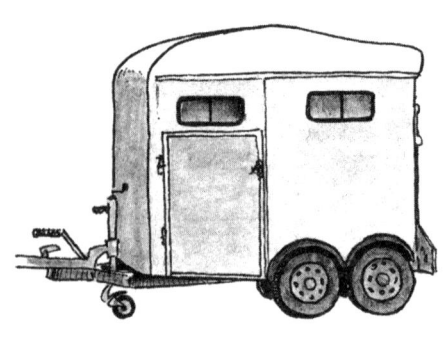

Ein Geländewagen fuhr langsam den Hügel hinauf. Er zog einen glänzenden silbernen Pferde-anhänger. Lena hielt den Atem an. Prinz war da!

Es dauerte ewig, bis Mr Howard den Anhänger auf den Parkplatz gefahren

hatte. Endlich stiegen er und Mia aus
dem Wagen.

„Da ist er!", rief Mia.

Mrs Marle lächelte. „Holen wir ihn
heraus und sehen ihn uns an."

Sie half Mr Howard die Laderampe
abzusenken. Dann ging Mia mit einem
Führstrick in den Anhänger. Eine Sekunde
später erschien das Hinterteil des Ponys
und dann der Rest von ihm. Mia führte
Prinz rückwärts die Rampe hinunter.

„Er ist so
schön", hauchte
Paulina.

Lena musste ihr recht geben. Das Fell von Prinz war braun und glänzend wie eine Kastanie. Seine Mähne und sein Schweif waren voll und er hatte eine weiße Blesse. Er sah sich um. Seine Augen waren warm, freundlich und neugierig.

„Hallo, Prinz." Lena trat vor und hielt ihre Hand unter die Ponynase. „Willkommen auf dem Ponyhof Apfelblüte."

Das Pony streckte den Hals und schnupperte an ihrer Hand. Mrs Marle betrachtete es eingehend.

„Was für ein gut aussehendes Pony", sagte sie. „Es wirkt kräftig, gesund und gut gepflegt."

Mr Howard machte ein zufriedenes Gesicht. „Ich wusste, dass es ein exzellentes Pony ist."

Mia nickte. Sie hatte Tränen in den Augen, aber Lena wusste, dass ihre Freundin nicht traurig war. Das waren Freudentränen!

„Bringen wir ihn rein", sagte Juli. „Seine Box ist frisch eingestreut und bereit."

Hannah nickte. „Wir haben extra viel Stroh aufgeschüttet, damit er es gemütlich hat."

„Vielen Dank." Mia führte Prinz durch den Torbogen auf den Hof. Alle Ponys wandten ihm die Köpfe zu und starrten ihn neugierig an. Einige wieherten.

Paulina lächelte. „Ich glaube, Samson hat ‚Willkommen auf dem Ponyhof!' gesagt. Und Lancelot ‚Hallo, Kollege. Die Leute hier sind freundlich und die Leckerlis sehr schmackhaft'."

Hannah lachte. „Das klingt absolut richtig!"

Lena beobachtete Prinz. Er hielt den Kopf hoch und hatte die Augen weit aufgerissen. Seine Ohren drehten sich neugierig hin und her, während er die anderen Ponys beobachtete. Aber er erschreckte sich nicht und blieb auch brav neben Mia.

„Er macht einen ruhigen Eindruck", meinte Paulina.

Mia nickte. „Das wurde uns auch gesagt."

Juli trat vor und klopfte Prinz auf die Schulter. Dann strich sie mit der Hand zuerst am rechten Vorderbein hinab, danach am linken. Anschließend tastete sie auch die Hinterbeine ab. „Alles in Ordnung", verkündete sie.

Isabel sah Lena und die anderen an. „Das bedeutet, dass sie frei sind von Knoten oder Dellen, die auf alte Verletzungen hinweisen würden", erklärte sie.

Plötzlich stürmte Lotte durch den Torbogen. „Ich habe den Pferdeanhänger gesehen!", rief sie. „Ist er … oh! Ist er das?"

Mia lächelte. „Ja, das ist Prinz", sagte sie. „Komm her und begrüße ihn."

Vor Freude umarmte Lotte Mia. „Er ist bezaubernd!", erklärte sie. „Ihm den Reitplatz und den Wald und überhaupt

alles zu zeigen, wird so Spaß machen.
Bist du ihn schon geritten?"

„Bisher nicht." Mia sah zu Mrs Marle.
„Prinz hat noch keinen Sattel und kein
Zaumzeug. Kann ich mir etwas leihen, bis
wir ihm eigenes Sattelzeug gekauft haben?"

„Natürlich", antwortete Mrs Marle.
„Aber ich glaube, es wäre keine gute Idee,
ihn sofort zu reiten. Lass Prinz erst einen
Tag Zeit, sich einzugewöhnen."

„Oh." Mia sah enttäuscht aus, aber
dann nickte sie. „Ich verstehe, was Sie
meinen. Komm, Prinz, ich zeige dir dein
neues Zuhause."

Gefolgt von Lena
und den anderen,
führte Mia Prinz in die
Box neben Samson.

Samson streckte sofort den Kopf über die Abtrennung und wieherte leise.

„Braver Junge", murmelte Lena und strich Samson über die Nase. „Du hilfst Prinz, sich einzuleben, nicht wahr?"

Prinz schnupperte in allen Ecken seiner neuen Box, dann begann er vom Heu zu fressen. „Er fühlt sich schon ganz wie zu Hause", sagte Mia.

Plötzlich flog ein Vogel laut flatternd aus dem hinteren Teil des Stalls. Prinz zuckte zusammen und machte einige Schritte rückwärts.

„Ruhig, Prinz", sagte Mia. „Keine Angst, das war nur ein Vogel."

Das Pony schien zu verstehen. Prinz schnaubte laut, entspannte sich wieder und kehrte zu seinem Heu zurück.

„Wow", sagte Juli. „Jedes Pony hätte bei dem Geflatter Panik bekommen, aber Prinz hat sich wirklich schnell wieder beruhigt."

Mia nickte. „Ist er nicht wunderbar?"

Alle sahen Prinz schweigend beim Heufressen zu. Dann kam Mr Howard in den Stall.

„Ich muss den Wagen und den Anhänger zurückbringen", sagte er. „Kommst du hier zurecht, Mia?"

„Ja." Mias Augen leuchteten vor Glück. „Tausend Dank, Papa! Prinz ist noch viel toller, als ich ihn mir vorgestellt hatte."

Sie umarmte ihren Vater fest. Mr Howard erwiderte die Umarmung. Dann verabschiedete er sich von den Mädchen und eilte davon.

Mrs Marle kam zur Box von Prinz.

„Ich weiß, wie aufregend es ist, ein neues Pony auf dem Hof zu haben", sagte sie. „Aber lasst Prinz ein Weilchen allein, damit er sich ausruhen kann, ja? Lena und Hannah, es ist kühl genug, dass wir mit dem Unterricht beginnen können. Heute müssen wir nicht bis zum Abend damit warten, wir machen die Stunde jetzt."

„Einverstanden", sagte Lena. Hannah nickte.

„Willst du einen Ausritt in den Wald machen?", fragte Juli Paulina. „Vielleicht finden wir ein paar Baumstämme zum Springen."

„Na klar", antwortete Paulina. „Ich mache Lancelot fertig."

Sie ging los, um ihr Pony zu satteln und Juli wandte sich an die übrig gebliebenen Mädchen. „Lotte, darfst du wieder reiten?"

„Nein." Lotte seufzte. „Noch zwei Tage! He, Mia, wenn du auch nicht reitest …"

„Tue ich nicht", sagte Mia, bevor Lotte ausreden konnte. „Ich warte, bis ich auf Prinz reiten darf."

Lena sah zu Aska hinüber, deren Kopf über der Boxentür hing. Sie war überrascht, dass Mia sie nicht ein letztes Mal reiten wollte, aber sie sagte nichts.

Lotte nickte. „Magst du mir

helfen, Goldstücks Stall auszumisten?
Danach können wir den Hof fegen."

Während die beiden sich an die Arbeit
machten, striegelten und sattelten die
anderen vier Mädchen ihre Ponys. Kurz
danach ritten Juli und Paulina Richtung
Wald. Lena und Hannah führten ihre Ponys
zum Reitplatz und stiegen dort auf.

Es war immer noch ziemlich warm
und der Unterricht in der prallen Sonne
anstrengend. Nach kurzer Zeit war
Lena sogar verschwitzter als
ihr Pony.

Mrs Marle erklärte den Mädchen, dass sie heute nicht galoppieren würden. „Dafür ist es zu warm", sagte sie. „Ich will nicht, dass eure Ponys sich überanstrengen. Reitet stattdessen ein paar Runden im ausgesessenen Trab."

Nachdem sie den Trab eine Weile geübt hatten, legte Mrs Marle einige Bodenricks, lange Stangen, hintereinander in der Mitte des Platzes aus. Die Mädchen sollten ihre Ponys im Trab eine Linie entlangreiten und die Ponys abwechselnd mit dem linken und dem rechten Bein voran über die Stangen schreiten lassen.

„Ich mag diese Übung", sagte Lena und fasste die Zügel kürzer.

Mrs Marle lächelte. „Ich habe die Stangen etwas weiter auseinandergelegt

50

als sonst", sagte sie. „Dadurch sollen die Ponys lernen, größere Schritte zu machen."

Beim ersten Durchgang stieß Samson gegen die vordersten beiden Stangen. Aber dann schien er verstanden zu haben, dass er längere Schritte als normalerweise machen musste. Beim zweiten Versuch trabte er sauber über die Bodenricks.

Am Ende der Reitstunde war Lena erhitzt und staubverklebt, aber auch sehr zufrieden mit sich und Samson. Sie stieg ab und umarmte ihn fest. Es machte ihr überhaupt nichts aus, dass auch Samson verschwitzt war.

„Du bist der Beste, Samson", flüsterte sie. „Das allerbeste Pony auf der ganzen weiten Welt!"

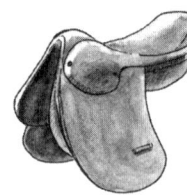

Reitversuch mit Folgen

Am nächsten Morgen stand Lena früh auf. Bevor sie zum Ponyhof fuhr, wollte sie noch an ihrem Bild von Samson arbeiten.

„Ich will nicht zu spät kommen", sagte sie zu ihrer Mutter. „Heute reitet Mia auf Prinz!"

„Wie aufregend!" Mrs Kennet reichte Lena einen Pinsel. Dann öffnete sie die Fenster des kleinen Gartenhauses, das sie in ein Malstudio umgewandelt hatte. Es war gerade Platz genug für ein paar Staffeleien, einen gemütlichen Sessel, einen kleinen Tisch und einige Schränke und Regale mit Malutensilien.

Lena setzte sich auf einen Hocker vor eine Staffelei. Sie hatte mit Bleistift eine Skizze von Samson gemacht. Jetzt malte sie sie bunt aus.

Ihre Mutter saß vor der anderen Staffelei. „Wollen deine Freundinnen heute Abend immer noch herkommen, um zu malen?", fragte sie.

„Ja, ich erinnere sie daran, wenn ich sie später sehe", sagte Lena. „Danke, Mama."

Ein paar Stunden später war Samsons getupftes Fell fast fertig gemalt und Lena auf dem Weg zum Ponyhof. Als sie den Hof betrat, stand Prinz angebunden neben dem Apfelbaum. Mia bürstete sein glänzend braunes Fell.

Hannah und Juli waren auch da. Hannah fegte gerade das Kopfstein-pflaster und Juli goss den Apfelbaum. Die meisten Boxen waren leer. Lena ver-mutete, dass die Ponys auf der Koppel waren. Über Nacht hatte es weiter ab-gekühlt, außerdem wehte eine angenehm leichte Brise.

„Oh, gut, dass du da bist!" Mia grinste Lena über Prinz' Rücken hinweg an. „Ich hatte schon Angst, dass du es heute auch nicht schaffen würdest."

„Um nichts auf der Welt würde ich das verpassen wollen", sagte Lena und gab Prinz einen freundlichen Klaps. Dann begriff sie erst, was Mia gesagt hatte. „Warte mal, wer schafft es denn nicht?"

„Lotte und Paulina", sagte Juli. „Lotte hat angerufen. Sie muss auf die Zwillinge aufpassen."

Lotte hatte erst vor Kurzem einen Bruder und eine Schwester bekommen. Ihre Eltern waren mit dem doppelten Kindersegen manchmal etwas überlastet und baten Lotte öfters zu helfen.

„Und was ist mit Paulina?", fragte Lena.

„Zahnarzttermin." Hannah zog eine Grimasse. „Arme Paulina!"

„Hoffentlich fühlt sie sich heute Abend

gut genug, um an ihrem Bild zu arbeiten", sagte Lena. „Ihr kommt doch, oder?"

„Klar", sagte Juli und die anderen beiden nickten. „Lotte hat am Telefon gesagt, dass sie auch kommt."

Lena half Mia, Prinz zu striegeln. Das hübsche Pony schien die Aufmerksamkeit zu genießen. Prinz stand ganz still, während die Mädchen ihn putzten und seine Mähne und den Schweif kämmten. Gehorsam hob er die Hufe, damit Mia sie mit einem Hufkratzer reinigen konnte.

„Was für ein braves Pony", sagte Lena, als sie ihm mit einem weichen Schwamm die Augen säuberte.

„Er ist perfekt", schwärmte Mia.

Mrs Marle kam mit Sattel

und Zaumzeug zu ihnen. „Das müsste Prinz passen", sagte sie.

„Sollen wir ihm zuerst den Sattel auflegen?", fragte Mia.

„Normalerwiese schon, aber heute fangen wir mit dem Zaumzeug an." Mrs Marle reichte es ihr. „Dann können wir Prinz festhalten, wenn er gesattelt wird, falls er ein bisschen Theater macht."

Mia machte ein überraschtes Gesicht. „Warum sollte er das tun? Bisher war er total brav."

„Ich weiß." Mrs Marle lächelte. „Und ich denke, dass er sich auch brav satteln lässt. Aber wir müssen vielleicht etwas länger herumhantieren, bis der Sattel wirklich sitzt, weil es ja nicht sein eigener ist."

„Ich binde ihn los", bot Lena an. Sie

löste den Führstrick und reichte ihn Mrs Marle, die Mia half, das Halfter abzustreifen und das Zaumzeug anzulegen. Prinz hielt still und öffnete willig das Maul für das Gebiss.

„So", sagte Mia, als sie den Nasenriemen schloss. „Sehen Sie? Perfekt!"

Mrs Marle gluckste. „Ich halte ihn fest, während du ihm den Sattel auflegst."

„Okay." Mia hob den Sattel hoch und hievte ihn auf Prinz' Rücken. Doch kaum berührte der Sattel seinen Bauch, schlug Prinz mit seinem Schweif, legte die Ohren flach an und machte einen Schritt zur Seite. Lena musste aus dem Weg springen, sonst hätte das Pony sie umgestoßen.

„Ganz ruhig, mein Junge." Mrs Marle führte ihn zurück auf seinen Platz.

„Versuch es noch einmal, Mia. Vielleicht hast du ihn erschreckt."

Mia nickte. Doch diesmal kam sie mit dem Sattel nicht mal in seine Nähe und schon machte Prinz einen Satz, schnaubte und rollte mit den Augen.

„Warum macht er das?", fragte Mia.

„Hm. Kannst du ihn mal kurz halten, Juli?", fragte Mrs Marle. „Ich werde es selbst versuchen."

Juli kam herüber und griff nach den Zügeln. Lena stellte sich mit Hannah und Mia in sichere Entfernung.

„Ganz plötzlich scheint er richtig ängstlich zu sein", flüsterte Hannah besorgt. „Glaubst du, der Sattel hat nicht die richtige Größe?"

„Aber woher soll er das wissen?",

merkte Mia an. „Er lag ja noch nicht mal auf seinem Rücken."

Lena hielt den Atem an, als Mrs Marle den Sattel nahm und sich, beruhigende Worte murmelnd, Prinz näherte. Juli hielt die Zügel fest in der Hand. Als das Pony sein Gewicht verlagerte, übte sie sanften Druck aus.

„Ruhig, Junge …", murmelte Mrs Marle und legte den Sattel samt Satteldecke vorsichtig auf seinen Rücken.

Prinz sah angespannt aus, aber er blieb stehen. „Braver Junge", sagte Juli und rieb ihm über die Nüstern.

„Ich mache den Sattelgurt fest", sagte Mrs Marle. Sie ließ den Gurt auf der einen Seite hängen, trat dann auf die andere und zog den Gurt unter seinem Bauch hindurch, um ihn festzuschnallen. Sobald Prinz den Gurt an seinem Bauch spürte, warf er den Kopf hoch und schlug mit seinem Schweif.

„Schon gut", sagte Mrs Marle beruhigend und schnallte den Gurt schnell fest. Prinz stampfte mit dem Hinterbein auf, als sie den Gurt festzog, aber er wich nicht zurück.

Mia trat vor und streichelte ihrem Pony über die Nüstern. „Er sieht immer noch unglücklich aus. Glauben Sie, der Sattel ist unbequem?"

Mrs Marle fuhr mit der Hand unter die Lasche und prüfte den Abstand am Widerrist. „Er scheint ihm gut zu passen", sagte sie. „Außerdem liegt eine dicke

Satteldecke darunter. Ich glaube nicht, dass es ihm weh tut."

„Er beruhigt sich gerade wieder", stellte Juli fest. „Vielleicht hat er nur lange keinen Sattel mehr getragen."

„Vielleicht." Mrs Marle betrachtete das Pony mit gerunzelter Stirn. „Wir können ihm noch einen Tag Pause gönnen. Vielleicht muss er sich erst eingewöhnen."

„Nein!", sagte Mia. „Ich will ihn unbedingt reiten, ich halte es keinen Tag länger aus!"

„In Ordnung. Hol deinen Helm und bring Prinz zum Reitplatz."

Auf dem Reitplatz überprüfte Mrs Marle

den Sattelgurt ein weiteres Mal. Dann bat sie Lena, Prinz festzuhalten, während sie Mia beim Aufsteigen half.

Lena nahm die Zügel. „Alles ist gut, Prinz", sagte sie und führte ihn neben die Aufstiegshilfe. „Mia und du werdet viel Spaß zusammen haben."

Das Pony schien sie nicht zu beachten. Seine Ohren waren nach hinten zu Mia und Mrs Marle gerichtet und sein Schweif war eingeklemmt. Plötzlich machte es einen großen Schritt zur Seite, weg vom Aufstiegsblock.

„Brr, halt!" Lena zog an den Zügeln. „Entschuldigung", sagte sie zu Mrs Marle. „Ich dachte, er würde still stehen bleiben."

„Schon gut, Lena." Mrs Marle ging

auf Prinz' rechte Seite und bugsierte
ihn zurück neben den Aufstiegsblock.
„Ich bleibe hier, damit er es nicht erneut
versucht. Steig auf, Mia."

Mia holte tief Luft. Dann streckte sie
die Arme aus und legte die Hände an
den Sattel.

„Brr!", sagte Lena, als Prinz nach
vorne drängte und sie beinahe umwarf.
Sie konnte gerade noch ausweichen.

„Ich übernehme lieber", sagte Juli.
Hannah und sie hatten vom Zaun aus
zugesehen. Juli nahm Lena die Zügel aus
der Hand und Lena trat erleichtert zurück.
Prinz war sehr stark.

Sie setzte sich zu Hannah auf den Zaun.

„Ich frage mich, was er hat", sagte
Hannah. „Er sieht gar nicht glücklich aus."

Lena hielt den Atem an, als Juli Prinz zurück auf seine Position führte. Zusammen mit ihrer Mutter gelang es ihr, Prinz so ruhig zu halten, dass Mia den Fuß in den Steigbügel setzen und sich in den Sattel schwingen konnte.

„Achtung!", rief Juli. Prinz buckelte und ging rückwärts. Sie konnte gerade noch die Zügel halten und ihn stoppen.

Mia war blass. Sie schob ihre Füße in die Steigbügel. „Alles in Ordnung", sagte sie. „Mir geht es gut."

Mrs Marle half Juli, die Zügel über Prinz' Kopf zu stülpen, damit Mia sie fassen konnte. „Lass uns mit ihm einen Spaziergang starten", sagte sie. „Wir machen langsam, damit ihr beide euch aneinander gewöhnen könnt."

Mia sah angespannt aus, aber sie schnalzte leise mit der Zunge und forderte Prinz zum Schritt auf. Mrs Marle hielt ihn am Zaumzeug fest und ging voran. Prinz' Schritte sahen steif und seltsam aus, aber er folgte ihr am Zaun entlang.

Nachdem sie den halben Platz umrundet hatten, sah Mia schon etwas weniger nervös aus. „Ich glaube, jetzt geht es", sagte sie zu Mrs Marle. „Sie können loslassen."

„Bist du sicher?", fragte Mrs Marle. „Aber mach ganz langsam."

Sie ließ Prinz los und trat beiseite. Das Pony blieb eine Sekunde lang stehen. Als Mia ihre Beine jedoch sanft an seinen Bauch drückte, legte es die Ohren flach an, schoss nach vorne und fing an zu buckeln.

„Oh nein!", rief Lena.

„Halt dich fest!", rief Juli.

Aber es war zu spät. Mia flog
bereits durch die Luft und landete
auf dem sandigen Boden.

„Steh nicht auf, bevor ich dich unter-
sucht habe", rief Mrs Marle.

Juli rannte unterdessen Prinz hinterher.
Das Pony buckelte noch einige Male,
dann blieb es zitternd am hinteren Ende
des Platzes stehen. Es versuchte erst gar
nicht abzuhauen, als Juli nach den lose
hängenden Zügeln griff.

Zum Glück war Mia nicht verletzt, sondern nur etwas sandig. Lena sah ihr an,
dass sie tapfer versuchte nicht zu weinen.

„Warum hat er das gemacht?", fragte
sie mit zitternder Unterlippe.

Mrs Marle tätschelte ihr den Arm.

„Du hast nichts falsch gemacht", sagte sie tröstend. „Ich denke, Prinz ist lange nicht geritten worden. Es ist schwierig vorherzusehen, wie ein Pony reagieren wird, wenn man es nicht kennt."

„Ich hätte ihn reiten sollen, bevor wir ihn gekauft haben, stimmt's?", fragte Mia.

„Ja", sagte Mrs Marle. „Aber das können wir jetzt nicht mehr ändern. Wir müssen mit ihm zurechtkommen, so wie er jetzt ist." Sie sah zu ihrer Tochter. „Juli, willst du es versuchen?"

„Klar. Kann ich mir deinen Helm ausleihen, Mia?"

Lena erwartete, dass Mia damit nicht einverstanden war. Normalerweise war sie mutig und frech und wollte alles alleine

68

machen. Deshalb war sie auch so gut mit Aska zurechtgekommen, die ab und an etwas schwierig sein konnte. Aber diesmal nickte Mia nur und schnallte ihren Helm ab. „Ich glaube, wir tragen dieselbe Größe", sagte sie zu Juli und reichte ihr den Helm.

Lena drückte die Daumen, während Juli aufstieg. Prinz versuchte wieder vom Aufstiegsblock wegzuspringen, aber Juli ließ sich nicht abschütteln und schob schnell ihre Füße in die  Steigbügel. Dann drängte sie ihn vorwärts.

„Los, Prinz", sagte sie. „Im Schritt."

Lena bewunderte, wie selbstbewusst Juli war. Würde sie selbst jemals so gut reiten können? Lena hoffte es.

Prinz' Ohren waren flach an den Kopf gedrückt und sein Schweif zuckte hin und her. Aber er versuchte nicht zu buckeln, als Juli ihn ein paar Schritte vorwärtsritt und dann noch ein paar. Sie erreichten den Zaun und Juli forderte ihn auf, nach links zu wenden. Zuerst stand Prinz stocksteif da und bewegte sich nicht. Als er sich dann rührte, drehte er sich komplett nach hinten um und warf den Kopf hoch und runter.

Juli wurde im Sattel hin und her geschleudert und verlor einen Steigbügel. Trotzdem gelang es ihr irgendwie, oben zu bleiben und Prinz schließlich zum Stehen zu bringen.

Sie befreite ihren anderen Fuß aus dem Steigbügel und sprang verärgert ab. „Er will einfach nicht geritten werden", schimpfte sie und zog Prinz zu ihrer Mutter hinüber.

„Oh Mann!", sagte Mia zu Lena und Hannah. „Juli ist eine echt gute Reiterin, wenn es nicht mal ihr gelingt …" Sie verstummte. Lena drückte tröstend Mias Hand. Sie wusste nicht, was sie zu ihrer Freundin sagen sollte, damit sie sich besser fühlte.

Mrs Marle machte ein nachdenkliches Gesicht. „Wir probieren es mit einem anderen Sattel und ich longiere ihn."

„Longieren?", wiederholte Lena. Sie hatte das Wort schon einmal gehört, aber sie wusste nicht mehr, was es bedeutete.

„Sie macht ein sehr langes Seil, die Longe, an seiner Trense fest und lässt ihn im Kreis um sich herum laufen", erklärte Hannah.

„Ah, stimmt." Lena erinnerte sich, dass

71

sie Mrs Marle schon einmal beim Longieren gesehen hatte. Sie warf einen Blick auf die unglückliche Mia. „Keine Sorge", sagte Lena. „Prinz muss sich an so viele Dinge gewöhnen: ein neues Zuhause, neue Ponyfreunde, eine neue Besitzerin. Kein Wunder, dass er ein bisschen durcheinander ist."

„Da hast du recht." Mias Miene hellte sich etwas auf. „So habe ich das noch gar nicht gesehen. Danke, Lena."

Juli ging zurück zum Hof, um einen anderen Sattel zu holen. Sie kam mit dem zurück, den Samson normalerweise trug.

„Er ist etwas breiter als der andere", sagte Mrs Marle. „Außerdem ist er leichter. Vielleicht gefällt ihm der besser."

Aber auch mit dem zweiten Sattel

schien Prinz nicht glücklich zu sein.
Mrs Marle befestigte die Longe an
der Trense, aber er machte nur ein oder
zwei Schritte und blieb dann wieder
stehen. Er scharrte mit dem Huf im Sand
oder schüttelte schnaubend den Kopf.

Lena biss sich auf die Lippe. Was
stimmte nicht mit Prinz?

Mrs Marle seufzte. „Lassen wir es für
heute gut sein", sagte sie. „Wir bringen
ihn zusammen mit Samson auf die
Koppel, ihn scheint er zu mögen. Morgen
versuchen wir es wieder."

Mia sah enttäuscht aus, aber sie wider-
sprach nicht.

Sobald der Sattel von seinem Rücken
gehoben war, war Prinz wieder ein
freundliches, fröhliches Pony. Brav folgte

er Mia auf den Hof und stand ganz still, während sie ihn striegelte und seine Hufe säuberte.

Lena und die anderen halfen Mrs Marle, die Ponys in ihre Boxen zu bringen. Nur Samson blieb auf der Koppel. Gemeinsam brachten sie Prinz zu Lenas Lieblingspony.

Prinz schien sich zu freuen, Samson zu sehen. Er spitzte die Ohren und wieherte leise. Dann trottete er zu Samson hinüber und beschnupperte ihn. Schon bald nach der Begrüßung grasten die Ponys friedlich nebeneinander.

Mrs Marle lehnte am Zaun und beobachtete sie. „Ich denke, ich werde Prinz' alte Besitzerin anrufen, wenn du einverstanden bist, Mia."

Mia nickte. „Mein Vater hat ihre Telefonnummer."

Als Mr Howard den Hof betrat, war er gar nicht erfreut darüber, dass der erste Reitversuch misslungen war. „Vielleicht muss er von einem erfahreneren Reiter geritten werden", schlug er vor.

„Daran haben wir auch schon gedacht", berichtete Mrs Marle. „Aber bei Juli hat es ebenfalls nicht geklappt. Ich würde gern mit seiner Vorbesitzerin sprechen, um noch mehr über seine Vorgeschichte zu erfahren."

Mias Vater holte sein Handy aus der

Hosentasche. „Die Frau, die ihn uns verkauft hat, war nur die Vermittlerin, nicht die Besitzerin", erzählte er, während er durch seine Kontaktliste scrollte. „Aber sie kann Ihnen sicherlich sagen, was Sie wissen wollen. Ah! Hier ist die Nummer. Ihr Name ist Sally Beaumont."

Doch als Mrs Marle anrief, erfuhr sie von der Mailboxansage, dass Sally Beaumont im Urlaub sei. „Sie kommt erst in drei Wochen wieder", berichtete Mrs Marle. „Das Rätsel bleibt also ungelöst."

„Was machen wir jetzt?", fragte Mia.

Mrs Marle lächelte sie an. „Keine Sorge, wir versuchen es mit einem zweiten Pony auf dem Platz, damit Prinz Gesellschaft hat", sagte sie. „Vielleicht hilft ihm das."

Lena hoffte, dass sie recht hatte.

Das Geheimnis wird gelüftet

Abends half Lena ihrer Mutter, sechs Staffeleien im Garten aufzubauen. Dann holten sie die Malutensilien aus dem Studio nach draußen. Als Lenas Freundinnen eintrafen, war alles perfekt für die Malparty.

Mrs Kennet richtete Salat mit Hähnchenstreifen für die Mädchen an und nachdem sie gegessen hatten, machten sie sich an die Arbeit.

Lena freute sich, ihre Freundinnen zu Gast zu haben, aber ihr entging nicht, dass Mia bedrückt war.

Mogli schnupperte im Gras herum,

ob etwas vom Hähnchen herunter-gefallen war. „Gut, dass Nacho jetzt nicht hier ist", sagte Lena zu ihrem Kater. „Er ist immer viel schneller als du."

Ihre Mutter ging umher und betrachtete die Bilder der Mädchen. „Mia, du hast den niedlichen Gesichtsausdruck deines Ponys sehr gut getroffen", sagte sie. „Gute Arbeit!"

„Danke." Mia lächelte und wirkte gleich wieder mehr wie sie selbst.

Mrs Kennet sagte auch ein paar freund-liche Worte zu Hannahs Bild und zu Julis und Lottes. Als sie zur letzten Staffelei trat, nahm Paulina die Leinwand herunter und hielt sie vor ihren Bauch.

„Meins wollen Sie bestimmt nicht sehen", sagte sie. „Es ist schrecklich!"

„Das ist es bestimmt nicht", sagte Lenas Mutter nett.

Paulina stellte die Leinwand zurück auf die Staffelei. Auf der weißen Fläche waren nur ein paar Pinselstriche. „Ich habe gar nicht richtig angefangen", gestand Paulina. „Ich kämpfe immer noch mit der Skizze. Ich weiß, dass es nichts taugt."

Lena kam herüber. Sie sagte nichts, aber Paulina hatte recht. Ihre Zeichnung von Lancelot war wirklich nicht besonders gut. Die Länge der Ponybeine stimmte nicht und der Reiter sah eher aus wie ein Grashüpfer.

„Für den Anfang ist das gar nicht schlecht", sagte Mrs Kennet. „Wenn du möchtest, kann ich dir ein paar Tipps zur Perspektive geben oder …"

„Nein, machen Sie sich keine Mühe", sagte Paulina. „Ich glaube nicht, dass ich bei dem Wettbewerb mitmachen werde."

Sie blickte zu Mogli, der mit zuckendem Schwanz an ihr vorbeitigerte. „Malt ihr mal eure Bilder. Ich schleiche lieber mit Mogli durch den Dschungel."

Sie sprang Mogli nach, der erschrocken durch den halben Garten raste. Aber er blieb stehen, als Paulina ihm einen Stock zuwarf, auf den er sich spielerisch stürzte.

Beim Frühstück am nächsten Morgen dachte Lena immer noch über Paulina

nach. Der Abend hatte Paulina offensicht-
lich gut gefallen: Sie hatte mit Mogli ge-
spielt und später mit Nacho, als Mrs Kraft
nach Hause gekommen war. Sie hatte
die anderen Mädchen bei ihren Bildern
unterstützt, aber an ihrem eigenen hatte
sie nicht weitergemalt.

„Zwei von meinen Freundinnen haben
Sorgen und ich weiß nicht, wie ich ihnen
helfen kann", sagte Lena seufzend zu
ihrer Mutter.

Mrs Kennet sah von ihrer Müslischale
auf. „Was meinst du?"

„Paulina hat keinen Spaß an dem Mal-
projekt, dabei hatte ich so gehofft, dass
wir das alle zusammen machen können",
sagte Lena. „Und dann sind da noch Mia
und Prinz …"

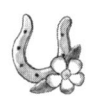

„Hm." Mrs Kennet trank einen Schluck Kaffee, bevor sie antwortete. „Malen scheint einfach nicht Paulinas Ding zu sein. Du solltest sie nicht drängen." Sie lächelte. „Das wäre sonst so, als ob man dich zum Golfspielen zwingen würde."

„Puh!" Lena schnitt eine Grimasse. Sie erinnerte sich daran, wie ihr Vater einmal versucht hatte, ihr Golf beizubringen.

Ihre Mutter lachte. „Das mit Prinz scheint eine ganz andere Angelegenheit zu sein. Zu blöd, dass Sally Beaumont so lange fort ist."

Lena nickte. Dann richtete sie sich kerzengerade auf. „Moment mal!", sagte sie. „Mr Howard hat erzählt, dass Sally Beaumont nicht die Vorbesitzerin ist, sondern nur die Vermittlerin, die ihn verkauft hat."

Ihre Mutter machte ein überraschtes Gesicht. „Es gibt Vermittler für Pferde? So wie Makler für Häuser?"

„Scheint so." Lena zuckte mit den Schultern. „Aber hör doch mal! Wie wäre es, wenn wir den richtigen Besitzer finden? Dann müssten wir nicht auf Sally Beaumonts Rückkehr warten."

„Das ist eine gute Idee. Vielleicht könntet ihr zu dem Hof fahren, wo Mia Prinz abgeholt hat?"

Lena sprang auf und ließ ihre halb volle Müslischale stehen. „Ich rufe Mia sofort an."

Mia und ihr Vater fanden auch, dass Lenas Idee gut war. „Wir holen dich in zwanzig Minuten ab", sagte Mia zu Lena.

Zwanzig Minuten später stand Lena angezogen vor der Tür. Das Auto von

Mr Howard sah sie noch nicht, dafür kam jemand anderes die Straße entlang: Hannah.

„Hallo!" Lena schwang das Gartentor auf. „Was machst du denn hier?"

„Mama hat mich zur Bibliothek gefahren. Ich musste noch ein paar Bücher zurückgeben." Hannah wischte sich über die Stirn. „Ich wollte danach zum Ponyhof laufen, aber es ist schon wieder so heiß …"

Lena erriet, was Hannah sich nicht traute zu fragen. Hannah hoffte, dass Mrs Kennet sie zusammen mit Lena zum Ponyhof fuhr. Lena erzählte ihr von der Idee, zu Prinz' altem Stall zu fahren.

„Willst du mitkommen?", fragte sie.

„Na klar!", antwortete Hannah. „Danke."

Als Mia mit ihrem Vater vorgefahren kam, kletterte Lena zusammen mit Hannah auf den Rücksitz des Wagens. Prinz' altes Zuhause lag auf halber Strecke zwischen Willow Springs und der nächsten Stadt. Viele große Häuser standen dort. Der Hof war gepflegt, mit großen Koppeln und einer Scheune mit Heuboden.

„Wow!" Lena drückte die Nase an die Fensterscheibe, als sie die Auffahrt hochfuhren. „Prinz hatte ein tolles Zuhause."

„Vielleicht ist er deshalb so ver-
drossen", scherzte Mia halbherzig.
„Ponyhof Apfelblüte ist ihm vielleicht
nicht schick genug."

Sie betraten den Stall. Ein Mädchen,
das gerade den Boden fegte, war der
einzige Mensch weit und breit. Es sah
ihnen lächelnd entgegen. „Hallo, kann
ich helfen?"

Mr Howard trat vor. „Hallo", sagte er.
„Wir waren vor ein paar Tagen hier, um
ein Pony von einer Frau namens Sally
Beaumont zu kaufen."

„Ah, ihr seid diejenigen, die Prinz zu
sich geholt haben?", sagte das Mädchen.
„Schön, euch kennenzulernen. Ich bin
Victoria, Prinz' frühere Besitzerin."

„Wirklich?", sagte Mia. „Ich bin Mia,

Prinz' neue Besitzerin." Sie stellte ihren Vater, Lena und Hannah vor.

„Danke, dass ihr ihm ein neues Zuhause gebt." Victoria lächelte und stützte sich auf ihren Besen. „Ich bin so froh, dass Miss Beaumont jemanden für Prinz gefunden hat. Trotz allem verdient er ein liebevolles Zuhause."

Mr Howard hob überrascht die Augenbrauen. „Trotz allem?"

Victoria zuckte mit den Schultern. „Es ist schlimm, wenn ein Pony nicht geritten werden kann. Wir haben gehofft, dass er über den Unfall hinwegkommt, aber …"

„Unfall?" Mr Howards Augenbrauen verschwanden fast in seinem Haaransatz. „Uns wurde nichts von einem Unfall erzählt."

Victoria machte ein verdutztes Gesicht. „Hat Miss Beaumont nicht erzählt, warum ich Prinz verschenkt habe?"

„Verschenkt?" Mr Howards Gesicht wurde rot. „Wir haben viel Geld für das Pony bezahlt!"

„Was?" Victorias Lächeln verschwand. „Nein, das kann nicht sein. Miss Beaumont sagte, sie würde viele Leute kennen und sie wäre sich sicher, dass sie für Prinz einen geeigneten Ort finden würde. Er ist ganz lieb, solange man nicht versucht, auf ihm zu reiten …"

Lena schluckte und schielte zu Mia hinüber.

„Das haben wir gemerkt", sagte Mia. „Bitte erzähl uns, was mit Prinz passiert ist."

Das Mädchen lehnte den Besen an die Wand. „Ich habe Prinz bekommen, als er noch sehr jung war", sagte sie. „Die damalige Besitzerin, von der wir ihn gekauft haben, hat ihn ans Reiten und Fahren gewöhnt, aber als er zu mir kam, war er nicht sehr gut in Form."

Ein Wiehern ertönte aus einer Box weiter hinten im Stall. Victoria sah zu dem hübschen schwarzen Pony, das seinen Kopf über die Tür streckte.

„Was für ein niedliches Pony!", rief Hannah.

„Danke", erwiderte Victoria. „Das ist Spider, mein anderes Pony. Prinz sollte ihn später mal als mein Turnierpony ersetzen. Am Anfang war ich noch so sehr mit Spider beschäftigt, dass ich

Prinz das erste Jahr nicht viel geritten bin."

„Und was ist dann passiert?", fragte Mia.

Victoria seufzte. „Ich habe mit Prinz und einer Freundin im Park einen Ausritt gemacht. Es war windig und ein paar Kinder haben Drachen steigen lassen. Wir banden die Ponys an, um uns ein Eis zu kaufen. Da stürzte plötzlich ein großer Drachen direkt auf Prinz' Rücken."

Mia stöhnte. „War er verletzt?"

„Ein bisschen", sagte Victoria. „Das Gestell hatte ihn am Gesicht gekratzt und dann hat sich auch noch der Drachen- schwanz um seinen Bauch gewickelt. Prinz riss sich los und der Drachen flatterte hinter ihm her." Sie schüttelte

den Kopf. „Als wir ihn endlich einge-
fangen hatten, hing der Sattel verkehrt
herum unter seinem Bauch."

„Oh, armer Prinz", sagte Hannah.

Victoria kickte nach einem Strohhalm
auf dem Boden. „Ich fühlte mich furcht-
bar. Wir haben ihn mehrere Monate
nicht geritten, damit die Wunden heilen
konnten. Ich habe trotzdem viel Zeit mit
ihm verbracht und ihm alles beigebracht,

was ich bis dahin versäumt hatte. Also die Hufe anheben, sich führen lassen oder in einen Anhänger zu gehen."

„Das hast du toll gemacht", sagte Lena. „Prinz ist sehr wohlerzogen und gehorsam."

„Danke." Victoria lächelte kurz und seufzte dann. „Nachdem der Tierarzt sein Einverständnis gegeben hatte, wollte ich wieder auf Prinz reiten. Aber er ist jedes Mal ausgeflippt, wenn wir uns mit dem Sattel genähert haben. Irgendwann haben wir ihn dazu gebracht, den Sattel zu akzeptieren, aber er hat es gehasst. Deshalb habe ich beschlossen, ihn in Rente zu schicken." Sie zuckte mit den Schultern. „Ich habe ihn behalten und mich um ihn gekümmert. Aber nächstes

Jahr gehe ich auf die Uni und meine Eltern wollen nicht länger für zwei Ponys bezahlen. Prinz ist noch jung und so süß … als Miss Beaumont anbot, ein neues Zuhause für ihn zu finden, schien das die perfekte Lösung zu sein."

„Ich verstehe", sagte Mr Howard grimmig. „Nur hat Sally Beaumont uns nur die Hälfte erzählt."

„Oh nein!" Victoria war entsetzt. „Miss Beaumont schien so nett zu sein …"

„Ja, das ist sie", sagte Mr Howard. „Nett, aber nicht ganz ehrlich. Wir werden Prinz zurückbringen. Meine Tochter möchte ein Pony, auf dem sie reiten kann."

Victoria sah zwischen Mia und ihrem Vater hin und her. „Es tut mir leid", sagte sie. „Ich werde meinen Eltern sagen, dass Prinz zurückkommt. Sie werden dafür sorgen, dass Miss Beaumont das Geld zurückzahlt."

„Vielen Dank." Mr Howard nickte. „Kommt jetzt, wir fahren zu Mrs Marle und erzählen ihr alles."

Als sie losfuhren, räusperte Mia sich. „Papa?", fragte sie leise.

„Was denn?", erwiderte Mr Howard.

„Ich will Prinz nicht zurückgeben." Mias Stimme zitterte. „Was, wenn er wieder verkauft wird? Vielleicht an jemanden, der ihn schlecht behandelt? Bitte, ich will ihn behalten!"

Eine tolle Idee!

Lena kam früh am nächsten Morgen auf den Ponyhof. Als sie den Hof betrat, striegelte Lotte Goldstück neben dem Apfelbaum. Sein Sattel lag auf dem Mäuerchen.

„Heute ist es soweit, oder?", rief Lena und kam zu ihr. „Heute darfst du wieder reiten!"

Lotte grinste. Sie trug ihre pinkfarbene Lieblingsreithose und ein glitzerndes Haarband. „Ja! Endlich!", sagte sie. „Willst du mit mir einen Ausritt machen?"

„Klar, wenn Mrs Marle einverstanden ist." Lena sah quer über den Hof zu Samson und Prinz, die aus ihren Boxen lugten. „Ist Mia da? Hast du schon gehört, was wir gestern erfahren haben?"

Das hatte Lotte noch nicht, also erzählte Lena ihr alles. Mit jedem Wort wurden Lottes Augen größer.

„Krass!", sagte sie. „Wie hat Mias Vater reagiert, als sie gesagt hat, dass sie Prinz behalten will?"

Lena hob hilflos die Schultern. „Er meinte, er müsste das mit ihrer Mutter besprechen."

„Oh, na dann, lass uns nachforschen, ob Mrs Marle etwas weiß. Ich bin gleich wieder da, Goldstück."

Die Mädchen fanden Mrs Marle im Büro über einige Papiere gebeugt.

„Ich weiß nichts Neues über Prinz", sagte Mrs Marle. „Mias Mutter hat angerufen

und gesagt, dass sie nach dem Mittag-
essen herkommt."

Lena stöhnte. „Solange halte ich die
Warterei nicht aus."

Mrs Marle lächelte. „Würde ein Ritt durch
den Wald helfen?", fragte sie. „Samson
hat heute keine Reitstunden, aber ein
bisschen Bewegung würde ihm guttun."

„Perfekt." Lotte grinste Lena an.
„Sie hat meine Gedanken gelesen."

Kurze Zeit später stiegen die Freundinnen auf ihre Ponys. Juli schloss sich mit
Smartie an.

„Oh, es fühlt sich so gut an, wieder im
Sattel zu sitzen", freute sich Lotte, als sie
losritten.

Lena lächelte und klopfte Samson
den Hals. Sie wusste genau, was Lotte

meinte. Obwohl es erst zwei Tage her war, dass sie auf Samson geritten war, war es bei ihr genauso.

 Im Wald war es schattig und kühl, was den Mädchen und den Ponys guttat. Sie trabten einen Waldweg entlang und galoppierten anschließend über eine Wiese und einen Hügel hoch. Sie sprangen sogar über ein paar Baumstämme.

Nach dem Ausritt spritzten sie die Ponys ab und brachten sie nach dem Trocknen in ihre Boxen. Lena und Lotte hatten sich Brote mitgebracht. Sie aßen gerade, als Mia kam.

„Hallo!" Lena sprang so schnell auf, dass sie beinahe ihr Brot fallen ließ.

„Was haben deine Eltern beschlossen?"

„Sie haben sich noch nicht entschieden",
sagte Mia seufzend. „Mein Vater hat gestern Abend mit Victorias Eltern telefoniert.
Sie werden Sally Beaumont kontaktieren,
damit sie das Geld zurückzahlt."

Sie ging zu Prinz' Box
hinüber. Das freund-
liche Pony reckte
die Nase vor und Mia
strich ihm vorsichtig
über die Nüstern.

„Ich hoffe, dass du ihn behalten darfst",
sagte Lotte. „Er ist so lieb."

„Das würdest du nicht sagen, wenn du
gesehen hättest, wie er mich abgeworfen
hat", sagte Mia mit einem kleinen Lächeln
und ihrer gewohnten Fröhlichkeit. Dann
seufzte sie. „Aber ich hoffe es auch. Er ist

schon jetzt mein bester Freund, selbst wenn
ich ihn niemals reiten kann. Mein Papa ist
davon nicht so überzeugt. Er will nicht für
ein übergroßes Haustier zahlen, wenn ich
stattdessen ein Reitpony haben könnte."

Mrs Marle trat aus dem Büro. Mia
erzählte ihr, was sie eben Lena und Lotte
berichtet hatte.

„Deine Eltern wollen nur das Beste für
dich", sagte Mrs Marle und gab Prinz
einen liebevollen Klaps. „Er ist ein sehr
liebes Pony. Aber nach dem, was du
gestern erfahren hast, sollten wir wohl
nicht mehr versuchen, ihn zu reiten."

„Wenn die Sache mit dem Drachen
nicht passiert wäre, wäre er das perfekte
Pony", sagte Lena traurig. „Victoria hat
uns erzählt, dass er reiten und fahren

gelernt hat, bevor er zu ihr kam. Damals hatte er keine Probleme damit."

„Moment mal", sagte Mrs Marle. „Sagtest du gerade, Prinz wurde beigebracht zu fahren? Mit einer Kutsche?"

„Ja", antwortete Lena. „Victoria hat keine Kutsche erwähnt, aber sie sagte Reiten und Fahren."

„Kommt mit", sagte Mrs Marle. „Ich habe eine Idee."

Lena und die anderen folgten Mrs Marle, die den Hof schon halb überquert hatte. Da tauchte Juli aus der Sattelkammer auf.

„Was ist los?", fragte sie.

„Keine Ahnung", sagte Lotte. „Deine Mutter hat eine Idee."

Sie folgten Mrs Marle durch den kleinen Torbogen Richtung Reitplatz. Dort stand ein Schuppen, in dem alle möglichen Geräte untergebracht waren. Mrs Marle schwang die Tür auf und trat ein. Lena und ihre Freundinnen folgten ihr. Bisher war Lena immer nur vorne im Schuppen gewesen. Dort lagerte Kurt, der Stallbursche, Schubkarren und Eimer.

„Was dort wohl ist?", überlegte Lotte.

Mrs Marle zerrte an einer Abdeckplane. Als sich die Plane löste, erkannte Lena überrascht, was darunter verborgen war.

„Ist das der alte Ponywagen?", fragte Juli.

„Ja." Mrs Marle winkte die Mädchen näher. „Helft mir, ihn nach draußen zu bringen. Dann sehen wir, in welchem Zustand er ist."

Lena grinste. „Vielleicht weiß Prinz, wie man mit ihm fährt", sagte Lena. „Kommt, bringen wir ihn raus!"

Es war nicht ganz einfach, aber schließlich stand der Wagen im Sonnenschein.

Er sah ein bisschen schäbig aus und war über und über mit Spinnweben und Staub bedeckt. Er war groß genug für vier Personen, hatte zwei große Holzräder und lange Stangen, die Mrs Marle Gabeldeichsel nannte.

„Die Deichsel führt rechts und links am Pony entlang und wird vorne am Geschirr befestigt", erklärte Juli. „Papa ist früher mit einem unserer Ponys damit gefahren."

Lotte klatschte in die Hände. „Das ist toll! Meint ihr, Prinz würde da mitmachen?"

„Wir finden es nur heraus, wenn wir es ausprobieren", sagte Mrs Marle. „Er ist ein braves Pony mit einem ausgeglichenen Temperament, aber der Unfall hat ihn schrecklich verstört. Es könnte sein, dass er genauso wenig einen Wagen ziehen will,

wie er sich weigert, geritten zu werden."
Sie zuckte mit den Schultern. „Kann aber
auch sein, dass er wegen des Unfalls nur
furchtbare Angst vor Sätteln hat. Ponys
können da ihren eigenen Kopf haben."

„Wenn er den Wagen zieht, lässt ihn
dich dein Vater vielleicht behalten, Mia",
sagte Lena und griff nach dem Arm ihrer
Freundin.

Mias Augen glänzten. „Ja! Versuchen
wir es!"

Sie schoben den Wagen in den Hof.
Mehrere Ponys streckten neugierig ihre
Köpfe aus den Boxen, als er vorbeirollte.
Samson schnaubte und versteckte sich
ganz hinten in seiner Box. Goldstück
legte die Ohren an und beobachtete den
Wagen misstrauisch.

Aber Prinz spitzte die Ohren und sah überhaupt nicht verängstigt aus. Das war ein gutes Zeichen!

Die vier Mädchen reinigten den Wagen. Sie spritzten ihn mit dem Schlauch ab und schrubbten das lackierte Holz, bis es glänzte. Mrs Marle fand in der Sattelkammer ein altes Zuggeschirr, das Prinz passen musste. Lena und Juli halfen ihr, es zu säubern und einzuölen, während die anderen den Wagen abtrockneten.

Schließlich war alles bereit.

„Können wir es jetzt versuchen?", fragte Mia.

Mrs Marle sah zu Prinz, der sie von seiner Box aus beobachtete. „Es gibt keinen Grund, noch länger zu warten."

Der Ponywagen

Mia führte Prinz aus dem Stall. In diesem Moment kamen Paulina und Hannah auf den Hof.

„Was ist denn hier los?", fragte Hannah. „Bringst du Prinz etwa zurück?"

Paulina bemerkte den Ponywagen. „He, was ist denn das?"

Lena und Lotte erzählten ihnen, was los war. „Mrs Marle meinte, wir sollen uns nicht allzu große Hoffnungen machen. Prinz könnte das Fahren genauso hassen wie das Reiten."

Lotte hielt ihre Hände hoch. „Deshalb drücken wir alle wie verrückt die Daumen!"

Lena und ihre Freundinnen halfen
Mrs Marle, den Wagen auf den Reitplatz
zu schieben, und sahen zu, wie sie Prinz
zu ihm führte. Er schnupperte daran.
Dann bat Mrs Marle Lena und Hannah,
den Wagen zu ziehen.

Lena nahm eine Stange der Deichsel
und Hannah die andere. „Die ist schwerer,
als sie aussieht", keuchte Hannah.

„Vielleicht solltet ihr das Geschirr über-
ziehen!", rief Mia vom Zaun, wo sie mit
den anderen stand.

Lena lachte, dann zog sie fester, damit
sich die Räder in Bewegung setzten. Sie

sah zu Prinz. Er schaute ihnen neugierig zu und wich nicht zurück, als sie an ihm vorbeikamen.

Nach ein paar Minuten bat Mrs Marle sie, stehen zu bleiben. „Macht eine Pause", sagte sie. „Mia, jetzt bist du dran. Du kannst Prinz festhalten, während Juli und ich ihm das Geschirr anlegen."

Lena kletterte neben Lotte auf den Zaun. Sie hielt den Atem an, als Mrs Marle Prinz das Geschirr anlegte. Er wirkte wie versteinert.

„Oh nein! Was, wenn er es genauso hasst wie den Sattel?", fragte Paulina.

„Das glaube ich nicht", meinte Hannah. „Seht doch, er entspannt sich."

Mia sprach liebevoll mit Prinz und das Pony schien ihr zuzuhören. Er zuckte ein paarmal mit den Ohren, aber ansonsten blieb er still stehen. Mrs Marle und Juli schnallten die Riemen fest. Lena staunte, wie viele es waren.

„Das sieht schwierig aus", meinte Lotte.

Das letzte Teil des Geschirrs war ein Zaumzeug mit sehr langen Zügeln.

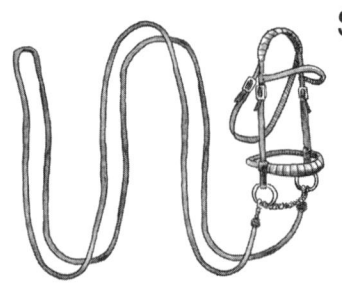

Schließlich bat Mrs Marle Mia zurückzutreten.

„Ich versuche ihn mit hängenden Zügeln herumzuführen", sagte Mrs Marle. „Vielleicht ist er am Anfang noch etwas schreckhaft."

Sie führte Prinz ein paar Schritte vorwärts. Als er die Zügel spürte, hob er den Kopf und schnaubte. Aber er beruhigte sich schnell wieder, dann ging er weiter und beachtete die Zügel gar nicht.

Mrs Marle rieb ihm den Nacken. „Braver Junge", sagte sie. „Das kennst du tatsächlich schon."

Als Nächstes wollten sie ausprobieren, ob Prinz den Wagen akzeptierte. Mia hielt ihn wieder am Zaumzeug fest, während Mrs Marle und Juli den Wagen hinter das Pony schoben. Prinz zuckte mit einem Ohr, aber er rührte sich nicht, als sie die Stangen vorsichtig rechts und links von ihm am Geschirr festmachten.

„Es klappt", flüsterte Lena und drückte vor Aufregung Lottes Hand.

Lotte erwiderte den Händedruck. „Du schaffst es, Prinz."

Wieder hielt Mrs Marle Prinz am Zaumzeug fest und führte ihn vorwärts. Der Wagen knarzte, als er losrollte, und Prinz machte einen erschrockenen Satz. Aber Mrs Marle blieb dicht bei ihm und murmelte ihm aufmunternd zu. Als sie einmal rund um den Platz gelaufen waren, war das Pony ruhig und gelassen.

Mrs Marle ließ Prinz neben dem Tor anhalten und lächelte. „Das reicht für heute", sagte sie und tätschelte das Pony. „Die Frage haben wir beantwortet, er weiß wirklich, wie man einen Wagen zieht."

Die Mädchen halfen, Prinz abzuschirren, zu striegeln und abzuspritzen. Danach machten sie sich an die Stallarbeit und redeten dabei die ganze Zeit über Prinz' verborgenes Talent.

„Er war toll!", sagte Mia, als sie Lena und Juli half, die volle Schubkarre über das Kopfsteinpflaster zu schieben.

Paulina nickte. „Dieser Wagen wird dein Wagen der Freude!"

Mia grinste. „Oh Paulina, du und deine verrückten Worteinfälle!"

Die Mädchen säuberten gerade die Trense, als Mr Howard den Hof betrat. „Papa!", rief Mia, ließ alles fallen und rannte zu ihm. „Du wirst nicht glauben, was Prinz kann!"

Lena und die anderen umringten Mias Papa und Mia berichtete ihm von Prinz' Fahrkünsten. Mr Howard hob erstaunt die Augenbrauen.

„Gut", sagte er. „Vielleicht findet Victoria ja jemanden, der mit dem Pony-wagen fahren kann und ihn haben will."

„Nein, du verstehst nicht", sagte Mia. „Ich will mit ihm fahren."

„Aber du weißt doch gar nicht, wie das geht." Mr Howard schüttelte den Kopf. „Willst du kein Pony haben, um gemein-sam mit deinen Freundinnen zu reiten?" Er sah auf seine Uhr. „Darüber sprechen wir nachher. Wir sind spät dran."

„Sag uns Bescheid, wie ihr ent-schieden habt", sagte Lena zu Mia, die ihrem Vater zum Torbogen folgte.

Mia nickte. Sie sah niedergeschlagen aus. „Ich hoffe, er lässt mich Prinz so lange behalten, dass ich mein Bild fertig malen kann", sagte sie. „Dann habe ich wenigstens etwas, das mich an ihn erinnert."

Lena hatte großes Mitgefühl mit ihrer Freundin. Erkannte ihr Vater denn nicht, dass es unterschiedliche Möglichkeiten gab, mit einem Pony Spaß zu haben?

Plötzlich musste sie blinzeln. Prinz' Versuch, etwas Neues auszuprobieren, hatte sie auf eine Idee gebracht. „Paulina!", rief sie und rannte zum Apfelbaum zurück. „Kannst du heute zu mir zum Abendessen kommen? Mama hat bestimmt nichts dagegen."

Mrs Kennet informierte Paulinas Eltern und holte die Mädchen abends auf dem Ponyhof ab. In der Küche stand Lenas Bild von Samson zum Trocknen auf einer Staffelei.

Paulina bemerkte es sofort. „Du bist schon fertig!", sagte sie. „Es ist wunderschön geworden. Du bist wirklich begabt, Lena."

„Danke", sagte Lena bescheiden. „Die Ohren sind nicht so gut geworden und er schielt auch ein bisschen, aber sein Apfelschimmel-Fell habe ich ganz gut hinbekommen."

Paulina beugte sich über das Bild. „Ich bin wirklich froh, dass ich nicht bei dem Wettbewerb mitmache", sagte sie. „Gegen dich hätte ich keine Chance."

„Also eigentlich wollte ich noch mal
mit dir darüber sprechen. Lena holte
tief Luft. „Ich glaube, dass du trotzdem
mitmachen solltest."

„Es hat keinen Zweck." Paulina
scharrte mit dem Fuß über den Boden.
„Ich bin nicht gut im Malen."

„Kann sein", stimmte Lena zu. „Aber
es ist ein Talentwettbewerb und kein
Malwettbewerb. Und es gibt etwas,
worin du sehr begabt bist: Wörter!"

„Häh?" Paulina sah sie verwirrt an.

Lena grinste. „Alle sagen immer, dass
du die passenden Worte findest, um
etwas zu beschreiben. So wie Mias
Wagen der Freude, weißt du noch?"

„Ach ja." Paulina grinste nun auch.
„Das war eine gute Idee."

Lena ging zum Schreibtisch ihrer Mutter, der unter der Treppe stand. Sie öffnete eine Schublade und holte Block und Stift heraus. „Vielleicht kannst du kein Bild von Lancelot malen", sagte sie. „Aber wie wäre es mit einem Gedicht oder einer Geschichte über ihn?"

Paulina sah überrascht aus. „Das könnte ich. Es würde vielleicht sogar Spaß machen."

„Gut." Lena schob ihr den Block hin. „Dann leg mal los! Der Wettbewerb ist schon in zwei Wochen!"

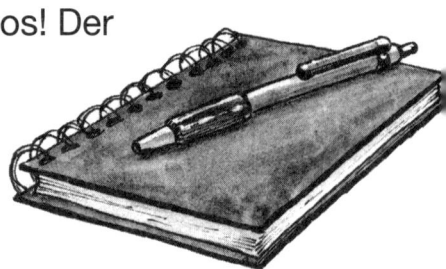

Eine Überraschung
auf dem Sommerfest

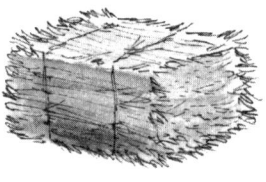

Mia und Mrs Marle übten weiterhin mit Prinz. Mia lernte gleichzeitig mit ihrem Pony, deshalb gingen sie es ganz langsam an. Aber am dritten Tag konnte Mia mit Prinz schon die gesamte Straße vor dem Hof hinunterfahren. Mrs Marle lief nebenher, aber sie hielt das Zaumzeug nicht mehr fest.

Mias Eltern hatten noch immer nicht entschieden, was mit Prinz geschehen sollte. Victorias Familie war einverstanden, dass er bei ihnen blieb, bis sie sich entschlossen hatten. Doch Mr Howard fand nach wie vor, dass Mia mit einem Reitpony besser dran wäre.

Am vierten Tag übte Mia, den Wagen zu wenden. Beim ersten Versuch fuhr sie zu eng in die Kurve. Das Geschirr verhedderte sich in einer der Stangen. Doch Mrs Marle war zur Stelle, bevor Prinz nervös werden konnte. Beim zweiten Versuch klappte es dann problemlos.

„Mia sieht immer noch etwas angespannt aus", sagte Lena zu Lotte. Gemeinsam sahen sie vom Torbogen aus zu. „Wahrscheinlich denkt sie daran, wie schwierig es war, Prinz zu reiten."

Lotte nickte. „Sie ist eine mutige Reiterin. Sie wird darüber hinwegkommen."

„Ich hoffe nur, dass ihre Eltern sie Prinz behalten lassen, nach all der harten Arbeit", meinte Lena.

Ein paar Tage später fuhr Lena über das

Wochenende in die Stadt zu ihrem Vater. Außerdem war sie so damit beschäftigt, Samson zu reiten, auf Nacho aufzupassen und ihrem Bild den letzten Schliff zu verleihen, dass sie Mia nicht bei ihren Fahrstunden beobachten konnte. Und dann war der Tag des Sommerfests schon da.

Lena und ihre Mutter hatten das Bild von Samson am vorherigen Nachmittag abgegeben, deshalb fuhr Lena nach dem Frühstück direkt zum Ponyhof. Mrs Marle wollte auf dem Fest Ponyreiten anbieten und hatte Lena und Lotte gebeten, ihr zu helfen.

Als Lena ankam, standen Flicka und Rapunzel neben dem Apfelbaum. Außerdem noch Colonel, das Pferd von Lottes Großvater. Isabel und Lotte striegelten sie.

„Hallo, Lena", begrüßte Isabel sie.
„Ich reite auf Colonel mit euch ins Dorf.
Mr Stevens meinte, wir sollen ihn mitneh-
men, falls auch Erwachsene reiten wollen."

Lena grinste. „Wow! Colonel ist das
größte Pony, das ich je gesehen habe!"

Lena half, die Ponys aufzuzäumen,
dann stieg sie auf Flickas Rücken. Lotte
ritt Rapunzel. Es fühlte sich komisch an,
auf Flicka zu reiten, aber die kleine Stute
war brav und leicht zu handhaben. Es

machte Lena Spaß, mit den anderen ins Dorf hinunterzureiten.

Auf dem Dorfplatz waren schon viele Leute. Rund um den Brunnen waren Stände aufgebaut, an denen man Produkte aus der Region, Essen und Trinken kaufen konnte. Diverse Schilder gaben Hinweise, wo die Veranstaltungen stattfinden würden, unter anderem der Talentwettbewerb.

„Mama hat gesagt, dass wir um zehn Uhr mit dem Ponyreiten anfangen sollen", sagte Isabel. „Ich kann bei den Ponys bleiben, wenn ihr euch vorher noch ein bisschen umsehen wollt."

„Danke, Isabel", sagte Lotte. „Komm, Lena, lass uns nachschauen, ob die Ergebnisse des Talentwettbewerbs schon aushängen."

Sie liefen über den Platz. Auf einmal breitete sich Gemurmel unter den Besuchern aus. Einen Augenblick später hörte Lena Hufgeklapper.

„Oh, oh", sagte Lena. „Sind die Ponys etwa abgehauen?"

Sie grinste. Flicka und Rapunzel waren so brav und gemächlich, dass es nur schwer vorstellbar war, dass sie wegliefen.

Plötzlich packte Lotte Lena am Arm. „Sieh doch!", rief sie.

„Es sind Mia und Prinz!", rief Lena.

Stolz fuhr ihre Freundin mit ihrem Pony auf den Platz. Juli saß neben ihr im Wagen, aber Mia hielt die Zügel. Sie saß aufrecht und hielt die Fahrpeitsche in der Hand.

„Prinz sieht toll aus", sagte Lotte.

Lena drängte sich bereits durch die Menge, um näher an die beiden heran-zukommen. Als Mia Lena entdeckte, hielt sie grinsend an.

„Überraschung!", rief sie mit strahlen-den Augen.

Juli lächelte auch. „Mama meinte, Mia und Prinz sind gut genug, um Kutsch-fahrten anzubieten", sagte sie. „Aber das ist noch nicht alles. Mia, verrate es ihnen!"

„Meine Eltern haben es heute Morgen verkündet", erzählte sie. „Sie haben

Victoria angerufen und ihr gesagt, dass wir Prinz behalten!"

„Oh, das ist fantastisch!", rief Lena. Lotte machte einen kleinen Freudentanz.

Da trat ein kleines Mädchen nach vorn. „Ist das dein Pony?", fragte sie Mia schüchtern. „Es ist so schön."

„Danke. Du darfst seine Nase streicheln, wenn du magst." Mia lächelte das kleine Mädchen an. „Und ja, er gehört mir."

Lena war überrascht, wie viele Leute bei dem Wettbewerb mitgemacht hatten. Es gab viele Bilder und Zeichnungen, Fotografien und sogar Skulpturen und Kunstwerke aus Ton. Jemand hatte einen wunderschönen bestickten Mantel eingereicht. Es gab auch aufgenommene

Lieder und Videos mit Tanzvorführungen. Dann gab es noch jede Menge Gedichte und Geschichten.

Die Gewinner standen auf einer Tafel ganz hinten in der Halle. Mia war zuerst da und suchte die Namensliste ab.

„Lena, dein Bild von Samson hat den zweiten Platz gewonnen!", rief sie.

„Echt? Wahnsinn!" Lena eilte zu ihr. „Juli, du bist fünfte geworden!"

„Super", sagte Juli. „Dein Name steht hier, Paulina. Ich dachte, du wolltest kein Bild einreichen?"

„Hab ich auch nicht." Paulina zwinkerte Lena zu. „Ich habe einen Aufsatz über Lancelot geschrieben."

„Du hast den ersten Platz gewonnen!" Lotte deutete auf die Liste. „Wow! Warum hast du uns nicht verraten, dass du etwas schreiben willst?"

„Es war Lenas Idee", gab Paulina zu. „Ich wusste nicht, wie es ausgehen würde, deshalb habe ich es niemandem erzählt." Sie lächelte Lena zu. „Danke, dass du mir Mut gemacht hast!"

„Gern geschehen." Lena grinste. „Aber eigentlich solltest du Prinz danken. Er war meine Inspiration!"